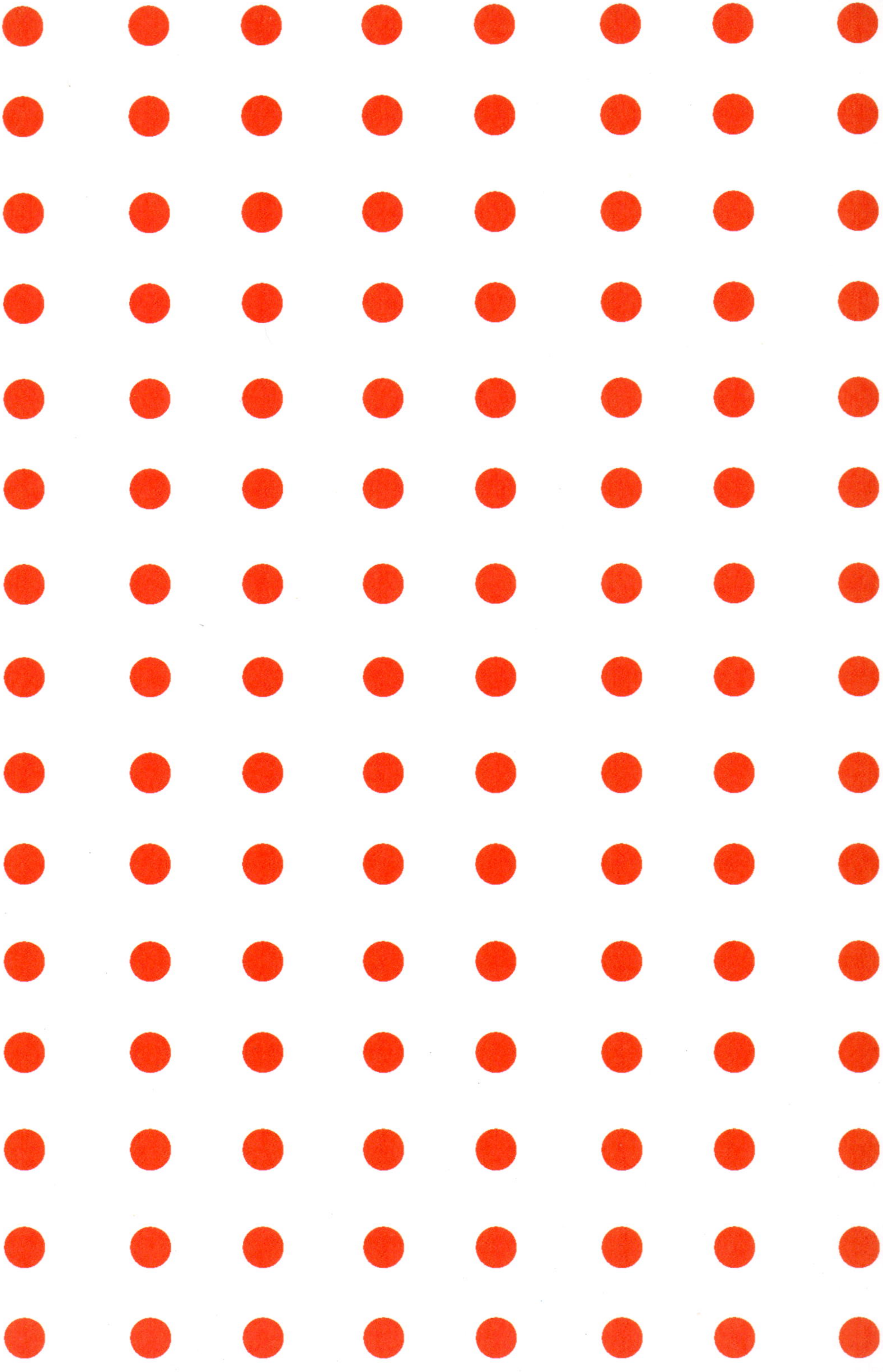

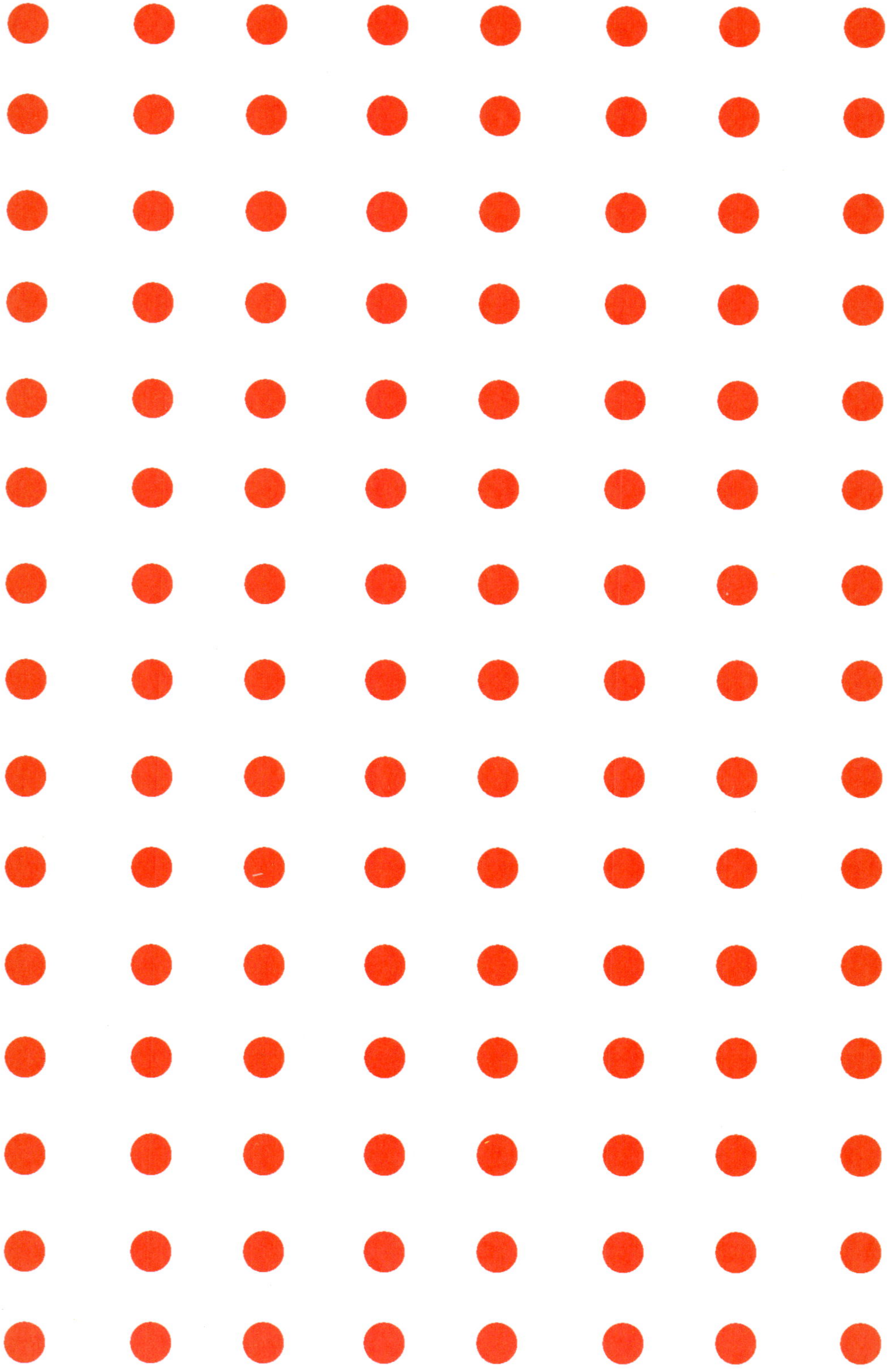

CE

© 2017 by EDICART
EDICART è un marchio GRUPPO EDICART
Via Jucker, 28 - Legnano (MI) - Italia
Testi di *Elisabetta Rossini* e *Elena Urso*
Illustrazioni di *Elisabetta Rossini*

www.consulenzafamiliare.com
Consulenza Pedagogica Rossini - Urso

www.edicart.it

I genitori devono essere affidabili. Non perfetti...

Elisabetta Rossini

Elena Urso

EDICART

Essere sorridenti, dolci e premurosi.

Essere fermi e severi all'occorrenza.

Attenti, ma non troppo. Presenti senza soffocare.

Non sbagliare mai. Stimolare, incitare, incoraggiare.

Trascorrere tempo di qualità. Non tralasciare la quantità.

Essere perfetti....

È solo una piccola parte

di tutto ciò che è richiesto ai genitori ogni giorno.

Ma non dai bambini.

I bambini, forse, chiederebbero loro di aver voglia di conoscerli,

di osservarli ogni giorno, perché ogni giorno cambiano;

di migliorarsi, certo,

ma di non avere troppa paura di sbagliare.

Così non la avranno neanche loro,

perché i bambini, come i genitori,

non possono essere perfetti.

I bambini hanno un forte senso della giustizia,
ma è una giustizia bambina,
che dipende dalla loro naturale visione egocentrica del mondo.
Perciò è giusto tutto ciò che è corrispondente ai loro desideri
e ingiusto tutto ciò che li contraddice.
Ecco perché talvolta l'unica cosa da dire
di fronte alle loro proteste è:
"Hai ragione, questa cosa è ingiusta, ma resta così."
Solo col tempo e col nostro esempio impareranno
a distinguere ciò che è giusto per loro,
ciò che lo è per gli altri
e ciò che è giusto per tutti.

Far rispettare un divieto a un bambino non è sempre facile!
Per fargli capire, per esempio,
che una pentola sul fuoco non si può toccare,
avviciniamo, NOI!, piano piano la manina del nostro bambino
mentre la pentola si scalda.
La sensazione provata si trasforma in una nuova conoscenza
e il nostro non sarà più soltanto un divieto incomprensibile.

I bambini hanno un buon istinto di conservazione
e se lo integriamo con l'esempio...
allora diventa ottimo!

Una sola parola può cambiare di molto il senso di una frase.
"So che sei bravo a fare questo"
racchiude un giudizio.
"So che sei capace di fare questo"
è un incoraggiamento, che sprona il bambino,
perché sottolinea una competenza.

I bambini diventeranno bravi,
quando avranno scoperto di essere capaci.

Il mio pupazzo mi parla, mi ascolta e mi difende.

Mi difende dai mostri.

Sì, perché i mostri esistono

e si nascondono nella mia cameretta quando fa buio.

Ogni sera.

Esistono fate buone e matrigne cattive,

boschi blu in cui vivono lupi famelici

e alte torri abitate da fanciulle incantevoli.

Non avere fretta.

Lasciami credere a queste cose, finché non ci credo più...

quando sarò pronto io a credere ad altre magie.

Si può insegnare l'ottimismo ai bambini?
Si può sicuramente mostrare loro
uno stile di vita positivo
in cui non si devono nascondere difficoltà e insuccessi,
si devono far risaltare la voglia e la capacità di affrontarle.

Anche con un sorriso!

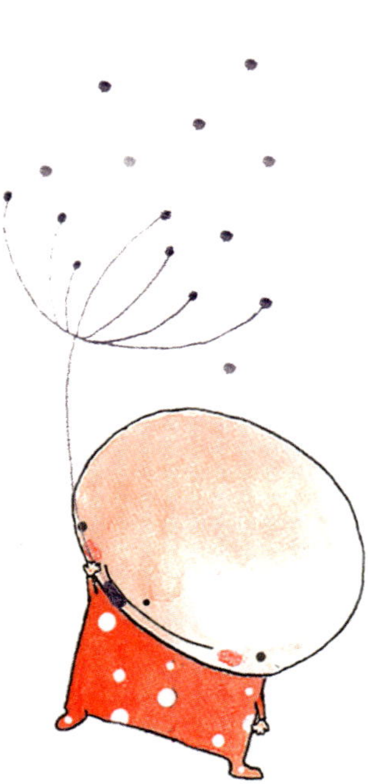

“Quando il primo bambino rise per la prima volta,
la sua risata si sbriciolò in migliaia di frammenti
che si sparpagliarono qua e là.
Fu così che nacquero le fate” (Peter Pan).

I bambini hanno bisogno di magia.
E se diamo ascolto ai nostri bambini
scopriremo che fa bene anche a noi,
perché è bello pensare che le fate siano nate così...

I bambini viziati suscitano sempre emozioni forti,
spesso di insofferenza e fastidio in noi adulti.
Prima di tutto, però,
dovrebbero suscitare in noi
un sincero sentimento di dispiacere per loro.

Perché i bambini viziati NON sono bambini felici.

Lo specchio è spesso collegato
alla vanità, alla superstizione, all'illusione ottica...
Difficilmente ci fa pensare ai bambini.
In realtà dovrebbe essere un oggetto
presente nelle loro camerette fin da piccoli,
perché è funzionale al loro sviluppo:
attraverso l'immagine riflessa,
i bambini iniziano a vedere il corpo, a giocare con esso,
dapprima come se fosse altro da sé e, infine,
a riconoscersi in quel corpo.
E l'immagine di sé
non è più immaginata, ma diviene reale.

I bambini educati sono bambini amati,

perché l'amore

è la forma di educazione più duratura.

E amare significa anche saper dare dei limiti.

Non aspettiamo che un bambino sappia fare bene qualcosa
prima di lasciargliela fare:
lasciamo che mangi da solo molto prima che impari a non sporcarsi;
lasciamo che si vesta da solo, partendo magari dal pigiama,
anche se è molto lento;
lasciamo che impieghi il tempo di cui ha bisogno
nel mettere un cubo di legno nella giusta forma senza intervenire.

Ai bambini fa molto bene fare da soli, anche se non fanno bene da subito.
E l'indipendenza e l'autostima nascono dal poter fare... anche male!

Insegnare a un bambino

a ritardare la soddisfazione dei propri desideri

equivale a insegnare a tollerare la frustrazione

e a vivere uno stato di delusione e scontentezza.

Sembra una cosa brutta, ma non lo è!

Perché è qui che un bambino

trova le sue risorse creative e la propria forza.

Ed è anche qui che un bambino trova l'amore dei genitori,

che gli insegnano a impegnarsi

e a conquistare quello che vuole...

e non solo ad acquistarlo!

Gli incubi cominciano presto a turbare il sonno dei bambini.
Sopra i tre anni i piccoli iniziano a essere in grado di raccontarli.
Ascoltiamo con attenzione, senza però indugiare troppo,
non solo la loro narrazione,
ma anche le sensazioni di cui ci parlano.
Lì di solito si trova il nucleo dell'angoscia notturna
e su quella i bambini vogliono essere rassicurati in modo particolare.
Diamo loro un mezzo per eliminarla:
facciamo disegnare l'incubo su un foglio e poi distruggiamo quel foglio.
Perché se l'incubo non è reale,
l'angoscia che ne deriva sì.

E per i bambini, così,
saranno entrambi a essere distrutti.

I bambini hanno bisogno di sentimenti veri, non perfetti.

I piccoli sono più feriti dall'indifferenza di mamma e papà
che dai loro rimproveri.
Proprio per questo è importante dare loro gli strumenti
per affrontare anche la rabbia dei genitori,
piuttosto che evitare di mostrarla.
Scopriranno così che l'amore sopravvive ad essa.

Quando i bambini cambiano improvvisamente umore

spesso vengono definiti lunatici.

Li abbiamo lasciati sorridenti e li troviamo in lacrime

o arrabbiati o imbronciati...

Ma sarà davvero solo uno sbalzo d'umore?

Forse appare così a noi, ma loro hanno spesso ottime ragioni:

una costruzione che non si incastra come dovrebbe,

un rumore improvviso e sconosciuto,

scoprirsi da soli nella stanza quando pensavano di avere accanto qualcuno...

Prima di definire i bambini,

definiamo le situazioni che vivono,

che spesso sono davvero ostili!

Utilizziamo di più il verbo sentire

e non leghiamolo solo all'ascolto di parole,

ma anche di se stessi.

Insegniamo così ai bambini

che sentirsi in un certo modo

è molto diverso dall'essere in un certo modo.

Sentirsi tristi o arrabbiati

è uno stato temporaneo e naturale, che passerà.

E non attribuiamo etichette definitive...

Capita spesso che i bambini abbiano un amico immaginario.
I motivi per cui arriva questo ospite sono molti
e raramente hanno a che fare con il disagio.
Anzi! Un amico immaginario è importante,
perché incarna quelle caratteristiche
che il bambino sente di non possedere o che fatica a controllare:
è un confidente fidatissimo,
è il coraggio per affrontare le paure,
è la rabbia per quello che non va,
è la lacrima per un momento triste...
è la forza dell'immaginazione sicura!

Accogliamo sempre questo amico speciale, senza fare troppe domande.
Un saluto di accoglienza e uno di congedo saranno più che sufficienti.

Per aiutare i bambini
a comprendere il concetto di tempo
costruiamo con loro un grande orologio
con due lancette colorate in cui, al posto delle ore,
disegniamo quello che il bambino farà in quel momento:
un piatto all'ora della pappa, una luna all'ora della nanna,
una vasca all'ora del bagnetto.

E lasciamo tante ore per il gioco!

I bambini osservano e scrutano con attenzione ogni cosa,
toccano e smontano tutto quello che possono,
notano i particolari anche più piccoli
e ricordano le parole esatte utilizzate per raccontare loro una storia.
I bambini esplorano la realtà proprio come piccoli scienziati.
Ma pensano come maghi.
Le premesse da cui partono sono corrette,
ma le conclusioni a cui arrivano no.

Lasciamo da parte la nostra logica per un po',
perché per un po' i bambini devono essere
scienziati e maghi!

“Mamma braccio”

Quando i bambini iniziano ad affiancare due parole,

non ci stanno ordinando qualcosa.

È il primo modo di comunicarci a parole

i loro desideri e quello che pensano.

E c'è anche qualcosa in più:

c'è il ricordo di un'esperienza passata che vogliono rivivere.

Non sono un ordine e sono molto di più di due semplici parole...

Sono il segno di un pensiero sempre più complesso.

La matrigna cattiva delle fiabe
fa una cosa molto buona per i bambini:
permette loro di trasferire su una persona davvero malvagia
i sentimenti negativi che naturalmente provano
nei confronti di una persona che amano.
Ma un bambino piccolo non può pensare che una persona
sia allo stesso tempo un po' buona e un po' cattiva,
ancora meno la mamma.

È così che Grimilde salva la mamma e aiuta i bambini!

Essere allegri non è un dovere per i bambini.
Concediamo loro di sentirsi anche tristi.
roviamo a non dire loro come si devono sentire
e facciamo sì che si sentano sempre amati
e mai sbagliati per quello che provano.

E concediamocelo anche noi, senza paura.

Se guardiamo un bambino piccolo intento a colorare,
possiamo vedere molte cose... tranne il colorare!
Osserva i pennarelli, li muove, li tocca, ne prende infine uno,
toglie il tappo con gesti attenti e lenti,
passa il pennarello da una mano all'altra,
con altrettanta precisione e grande sforzo infila il tappo sul retro.
A questo punto fa un puntino sul foglio
e ripone il pennarello per ricominciare!

La tentazione di fargli vedere subito come si colora è spesso grande,
ma il rispetto per il suo primo modo di colorare
deve esserlo ancora di più!

Quando riprendiamo un bambino

per un suo comportamento,

in lui nasce naturalmente un senso di colpa,

perché ha scontentato mamma e papà,

che per lui sono la vita.

È controproducente

aumentare volontariamente questo senso di colpa

per insegnargli qualcosa, perché

non favorisce l'apprendimento,

ma nutre l'insicurezza.

Non basta che due bambini abbiano la stessa età

perché vedano nell'altro un amichetto.

Prima di tutto vedono uno sconosciuto anche se è alto come loro!

Diamo ai piccoli il tempo di conoscersi a modo loro,

anche solo osservandosi in disparte per un po'.

Quando noi guardiamo i bambini,

vediamo solo bambini, anche molto simili.

Ma loro vedono persone diverse,

che ancora non conoscono.

Spesso si confonde

il comprendere col giustificare.

Comprendere un bambino, la sua rabbia, i suoi pianti e i suoi no

non significa giustificare e accettare ogni comportamento.

Significa dimostrare al bambino

che lo rispettiamo a tal punto

da provare a capire il suo punto di vista.

E che lo amiamo così tanto

da non volerlo lasciare in balìa

del suo solo punto di vista.

Per i bambini l'egoismo è necessario per diventare grandi.

Anzi, è naturale!

E il modo naturale per superare questa fase egoistica

sono le prime forme di amicizia.

Perché all'interno di queste relazioni,

i bambini iniziano a controllare egocentrismo e possessività,

poiché così

"continuano a essere amici".

Il voto dovrebbe indicare
quanto un bambino sa di un certo argomento.
Non quanto vale una persona.

**Facciamo sì che i piccoli imparino presto
questa differenza.**

A chi non è mai capitato di arrabbiarsi molto e di sentirsi dire
"Calmati"?
La reazione che la maggior parte di noi ha in una simile situazione
è tutt'altra rispetto alla voglia di calmarsi.
Per un bambino è lo stesso, poco c'entra il temperamento o il carattere,
è proprio un ordine impossibile da eseguire
e che ottiene l'effetto contrario:
aumentare il fastidio, la rabbia, l'irritazione.
Un adulto vorrebbe la possibilità di raccontare le proprie ragioni.

Un bambino anche!
Dopo ci si può calmare...

Abbracciare un bambino felice è semplice,
perché ci prendiamo un po' della sua gioia.

Abbracciare un bambino arrabbiato lo è meno.

Ma è proprio in questi momenti
che bisogna abbracciare quel bambino
per prendersi un po' della sua rabbia.

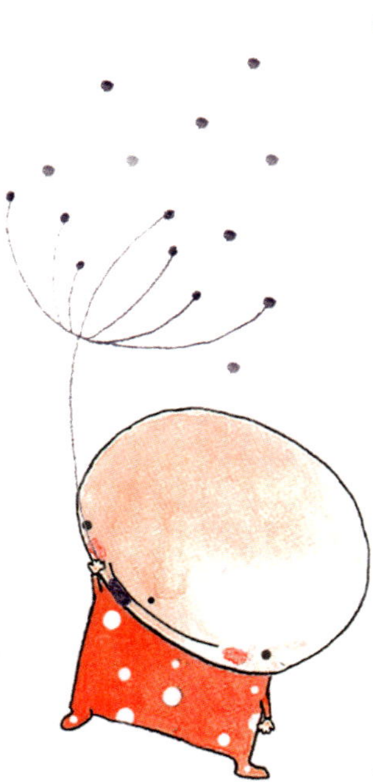

Lo scarabocchio è la prima forma di disegno.

Il suo significato è nel segno stesso:

affermazione che il bambino fa di sé.

In questa fase

evitiamo di chiedere cosa è rappresentato,

ma accettiamolo

come un'impronta unica e speciale di quel bambino,

che ha appena scoperto di poter lasciare il segno.

Regaliamo ai bambini un po' di noia,
un tempo vuoto, senza impegni,
senza richieste, senza scadenze.
Senza di noi.
Non sapranno cosa fare.
E lì scopriranno se stessi.

L'approvazione di mamma e papà
aiuta certo a rafforzare l'autostima dei bambini.
Ma niente la fortifica
come lo scoprire di essere capaci di fare da soli.

Doniamo ai bambini la possibilità di fare esperienze,
non solo di ascoltare belle parole.

Anche arrabbiarsi

è una dimostrazione d'amore.

Quando un bambino chiede alla mamma o al papà

"Ti ricordi quella volta che...?",

spesso si riferisce a qualcosa accaduto pochi giorni prima,

se non il giorno precedente!,

perché il tempo dei bambini è diverso dal nostro.

Quando ci dicono così,

non è importante collocare il loro ricordo nel giusto tempo,

ma ascoltarli con attenzione.

Perché attraverso i loro ricordi, anche di ieri, li capiamo di più oggi.

I bambini che possono trasformare
una scopa in un cavallo
o un mestolo in una bacchetta magica
hanno molto più di semplici giochi.
Hanno una risorsa infinita:
l'immaginazione con cui giocare per conoscere il mondo.

Per un bambino a volte è meglio sentirsi dire

un no deciso

piuttosto che un sì a certe condizioni

che difficilmente potrà soddisfare.

Se diciamo:

"Vai a giocare, ma non sporcarti..."

o il piccolo andrà a giocare e si sporcherà o non giocherà,

ma solo perché non sa fare quello che abbiamo chiesto.

Prendiamo noi certe decisioni,

senza porre irrealizzabili condizioni.

I bambini credono ai loro pensieri.

Se possono immaginare qualcosa, significa che esiste.

Anche se non si vede.

Fata o strega, orco o folletto...

un bambino non ha bisogno di sapere che non è vero,

ma di sentire che è protetto dalle fate,

che scacciano gli orchi per lui.

La generosità arriva per gradi.

Prima i bambini hanno bisogno di attraversare
una fase di possesso,
in cui non vogliono dare le loro cose agli altri,
poi una fase di baratto,
in cui iniziano a scambiare ciò che appartiene loro
per avere qualcosa di nuovo.
La fase di baratto è la più difficile per noi adulti,
perché vediamo la differenza di valore delle cose scambiate.
Preserviamo gli oggetti davvero importanti e, per il resto,
lasciamo vivere ai piccoli anche questa fase,
anticamera della generosità.

Per un giorno
proviamo a prestare attenzione
a quante volte diciamo al nostro bambino:
"Non fare... Non toccare... Non andare..."
Riflettiamo su quali sono le occasioni
in cui abbiamo detto queste frasi
e proviamo a ridurle alle occasioni davvero necessarie.

Le regole sono necessarie.
Troppi divieti sono controproducenti.

L'onestà è difficile da insegnare a parole.

L'onestà si vive, si vede e si respira.
L'onestà è racchiusa ogni giorno nel coraggio di mamma e papà,
che sanno che l'educazione migliore
non consiste nel trovare un colpevole
a cui addossare la responsabilità delle azioni sbagliate del proprio figlio.
Ma è racchiusa nell'insegnare ai figli
che è solo assumendosi le proprie responsabilità
che si impara a non commettere gli stessi errori.

E a rispettare se stessi e gli altri.

Desiderio

La sola parola richiama
magia, attesa, possibilità, impegno, incantesimi, sogni...
Perché privare i bambini di tanta bellezza?
Permettiamo loro di desiderare.
È già un dono ed è un dono prezioso per il futuro.

I rimproveri sono già punizioni per i bambini,

perché in quel momento

sentono di aver reso scontenti mamma e papà.

La maggior parte delle volte è sufficiente un buon rimprovero

senza ulteriori punizioni.

I bambini piccoli

spesso parlano di sé in terza persona,

perché non hanno ancora una percezione completa di se stessi

e si riconoscono nelle parole che noi rivolgiamo loro.

Noi li chiamiamo col loro nome

e loro usano il nome che noi pronunciamo

per iniziare a parlarci di sé.

Spesso i bambini non si spaventano
a causa di una determinata situazione,
ma per la reazione che abbiamo noi davanti a quella situazione.
Anche se non è facile,
cerchiamo di rivolgere loro un sorriso e uno sguardo sereno,
perché la nostra serenità è la loro.

Qual è il tempo giusto che un bambino piccolo
deve impiegare per salire le scale?
O vestirsi da solo?
O mangiare quello che è nel piatto?
Il tempo giusto è il suo.
Proprio quello che il piccolo impiega per fare queste cose.

Solo se avrà il suo tempo per un po',
gliene servirà sempre meno...

Cosa è giusto e cosa è sbagliato:
un insegnamento che i bambini
hanno il diritto di ricevere dai propri genitori.

Perché i bambini possano crescere capaci di distinguere
tra una bravata e una violenza.

Dai due anni,
la maggior parte dei no è rivolta alla mamma,
perché è da lei che il bambino deve staccarsi prima di tutto.
È come se ci volesse dire:
"Io non sono te, ma non so ancora chi sono io".

Chiamare i genitori mamma e papà

non è una semplice convenzione.

Significa nominare in modo unico e speciale

la relazione più importante per ogni bambino,

ogni volta confermato come figlio.

In inglese la definizione è bellissima:

Late Bloomers,

bambini che sbocciano tardi.

Ossia tutti quei bambini

che non sono i primi a camminare,

né a parlare, né a leggere, né a correre.

Bambini che hanno bisogno soltanto di quel momento in più,

senza per questo essere manchevoli di qualcosa.

Talvolta le belle definizioni

riescono a sconfiggere le brutte etichette.

Ascoltiamo i papà.

Senza pensare

che debbano arrivare sempre un po' dopo

e che sappiano un po' meno,

perché non sono mamme.

Sanno diversamente, proprio perché sono papà.

Dire sempre sì a un bambino

NON vuol dire

amarlo.

Anche se difficile,

bisogna imparare ad accettare

di essere amati un po' meno dai bambini

per il tempo in cui sono arrabbiati con noi,

perché anche questa

è una dimostrazione d'amore verso di loro.

Davanti a un bambino che si è fatto la bua,
un gesto d'affetto, un bacio o una carezza
è tutto ciò di cui ha bisogno.
Soprattutto se la bua è immaginaria.
Perché la comprensione che gli dimostriamo è reale
ed è quello di cui ha necessità.

Giocare da soli è una conquista:
un passo importante verso l'autonomia
e la capacità di organizzarsi.
Per favorire ciò,
mettiamo a disposizione dei bambini
oggetti o giocattoli maneggevoli
che possono raggiungere da soli.
Ogni volta che è possibile,
lasciamo che i bambini facciano da soli,
anche se noi siamo al loro fianco.

Educare i bambini attraverso il senso di colpa
farà crescere i piccoli con una percezione alterata di sé:
si sentiranno inadeguati e insoddisfatti
e saranno alla ricerca dell'approvazione di tutti,
perché interiorizzeranno un modello di insicurezza e dipendenza.

I nostri e i loro errori NON sono colpe.
Sono tappe di un percorso.

Nei primi mesi di vita,
per ogni **neonato**, la mamma è quella parte di sé
che soddisfa i bisogni primari: cibo, sonno e amore.
Come è possibile allora affermare
che soddisfare sempre i bisogni di un piccolo
che non sa ancora che la sua mamma esiste al di fuori di sé
vuol dire viziarlo?

I no riserviamoli a chi ci chiede
se non abbiamo paura di viziarlo,
non al nostro bambino.

Crescere un bambino

non dovrebbe mai essere una gara.

E un bambino

non dovrebbe mai essere un trofeo.

Prima di poter dire a un bambino, ad esempio,
"Vai a lavarti la faccia..."
è necessario dirgli per un po':
"Andiamo a lavarci la faccia".
E lavarla anche noi.
Dobbiamo mostrare noi come si fa
la maggior parte delle cose e farla insieme a loro.
Tanti obblighi, così,
saranno belle esperienze condivise
e diventeranno abitudini.

Un'infanzia felice

non è priva di lacrime, di regole o di no,

ma è un'infanzia in cui i no e le lacrime

sono detti e accolte con amore,

perché non si rinuncia mai all'educazione.

Quando usciamo con i bambini
molto spesso li "portiamo" in giro.
Ma i bambini sono attenti a tutto,
anche quando non lo notiamo.
Quando andiamo in luoghi conosciuti e abituali,
proviamo a farci "portare" da loro.
È una dimostrazione di grande fiducia,
che fa crescere l'autonomia
e li aiuta a collocarsi meglio nello spazio.

E infine,
ma non per questo meno importante,
è un bellissimo gioco!

È importante riprendere i comportamenti
e non i bambini.

Così percepiranno la critica
come qualcosa in grado di aiutarli
a migliorare se stessi
e non come un giudizio negativo
che investe tutta la persona.

Quando un bambino è impegnato in qualcosa,
il suo scopo non è finire il prima possibile,
ma farla con piacere.
Come sono diversi da noi adulti...
per loro la lentezza è ancora un valore.
È ancora un'occasione per conoscere se stessi...

Insegnare ai bambini

ad aspettare il proprio turno per parlare,

per esempio attendendo

che mamma e papà concludano la conversazione,

è un modo per insegnare prima di tutto

che esistono anche gli altri.

Altri che vanno rispettati come se stessi.

Quando un bambino è piccolo,
la sua mamma e il suo papà sono i migliori di tutti.

Poi non lo sono più.

Perché quando un bambino cresce,
non ha più bisogno che i suoi genitori siano perfetti,
ma credibili.

E così continueranno a essere i migliori genitori per sé.

I giusti no dei genitori aiutano i bambini a crescere.
E questo vale anche per i no pronunciati dai piccoli.
Accettarlo NON significa assecondarli, ma rispettarli.

Dire no a mamma e papà è un diritto di ogni bambino.

Quando siamo in luoghi affollati con i bambini
spesso abbiamo paura di perderli di vista.
E spesso ci viene spontaneo intimare di non allontanarsi
proprio perché potrebbero perdersi.
Proviamo a dire a nostro figlio:
"Aiutami anche tu a rimanere vicini,
perché così ti tengo al sicuro... qui c'è davvero tanta gente.
E in più a me piace quando stiamo l'uno accanto all'altro".
Un invito rassicurante e amorevole
è molto più incisivo e definitivo
di un tono allarmante e perentorio.

Un bambino a cui si dà sempre ragione
e che è sempre giustificato
può crescere convinto di essere migliore di tutti
o di essere una eterna vittima.

Nel primo caso non avrà stima per nessun altro,
nel secondo per se stesso.

In entrambi avrà dentro di sé un grande dolore.

Quante volte ogni giorno diciamo ai bambini:

"Questo non si fa.. Non toccare... Spostati perché è pericoloso!"?

E quante volte, invece, diciamo loro:

"Questo non si fa, ma questo sì...

questa cosa non si può toccare, ma puoi tenere questa...

lì non puoi stare, ma qui sì..."?

Dobbiamo dare sempre un'alternativa ai bambini.

C'è un gioco, il più bello
che ogni neonato dovrebbe avere:
il volto di chi lo ama
che lo guarda e gli sorride.

"Anche tu sei stato piccolo?"

Quando un bambino ci rivolge questa domanda,
diamogli una risposta di cuore.
Raccontiamogli quello che ci piaceva
come quello che ci faceva paura,
quello che ci divertiva e quello che ci faceva arrabbiare...
**Diamogli un momento in cui,
anche se grandi,
gli parliamo con gli occhi di noi bambini.**

L'amore dei genitori

ha in sé la più grande delle contraddizioni:

amare un figlio non per tenerlo con sé,

ma per farlo andare via.

Educare alle emozioni

non significa insegnare a un bambino, per esempio,

a non arrabbiarsi.

Significa permettere al bambino di arrabbiarsi,

aiutandolo a riconoscere quello che prova

e a chiamarlo per nome.

Significa imparare a stare nell'emozione

senza esserne sopraffatto.

Altrimenti non è un'educazione,

ma una forma di repressione.

I genitori non dovrebbero amare un figlio più di un altro.

Ma si devono comportare in modo diverso

perché i figli sono persone diverse.

Ed è giusto così.

Sedersi di fronte a un bambino e dirgli:

"Sono qui con te, cosa vuoi fare?"

è un buon inizio per inaugurare

un tempo speciale.

Un tempo in cui ci facciamo coinvolgere nel gioco e nella fantasia,

senza suggerire cosa è meglio.

E, in fondo, in questo tempo speciale, impariamo e insegniamo:

impariamo a conoscere di più il bambino che abbiamo di fronte

e gli insegniamo a conoscersi meglio.

Perché non deve compiacere noi.

Un precoce sviluppo cognitivo

non sempre è seguito

da un altrettanto precoce sviluppo emotivo.

“Secondo te perché mi sono arrabbiato?”.

Ascoltare la risposta
che un bambino dà a questa domanda
è un buon modo per scoprire che spesso il bambino non lo sa!
O ne ha un'idea davvero imprecisa.

E noi abbiamo una bella occasione
per accogliere la sua prospettiva e spiegargli le nostra ragioni.

L'utilità di un rimprovero
non si misura in base alla durezza.
Un rimprovero è tanto più utile
quanto più è preciso e circoscritto.

Disegnare una paura,
strappare il foglio in tantissimi pezzetti,
rinchiudere i pezzi in una scatola
che mamma e papà custodiscono in un posto sicuro...

Così un bambino può non avere più paura,
perché c'è chi lo prende sul serio,
guarda la sua paura insieme a lui
e la prende con sé per un po'.
Lasciandogli il coraggio.

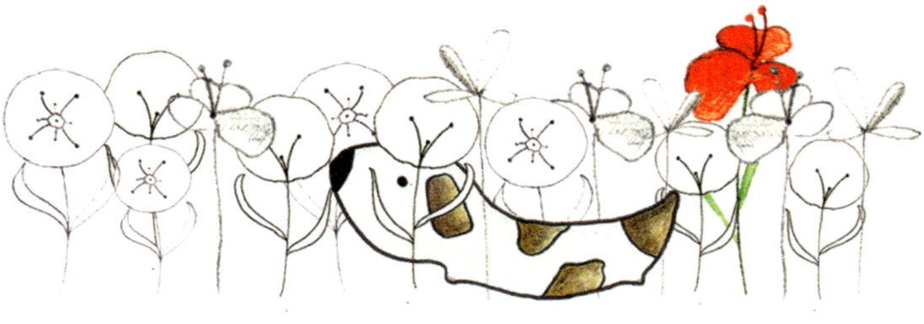

Il senso morale di un bambino
si sviluppa attraverso l'amore dei genitori.
Perché se ci si sente amati e accettati
si impara a rispettare se stessi e gli altri.

I bambini danno lo stesso valore

a un sorriso o a un oggetto prezioso

e li donano entrambi con generosità

quando si sentono pronti per farlo.

Per loro il costo non c'entra,

c'entra solo la fiducia e la sicurezza.

Evitiamo di affrettare i tempi per entrambe le cose...

Un bambino non deve mai arrivare a pensare:

“Non riesco a essere

come mi vogliono mamma e papà”.

Raccontiamo ai bambini come ci sentiamo,
non solo cosa facciamo.
Uno dei modi più belli
per imparare a comunicare e a riflettere sulle emozioni
è crescere con qualcuno che ogni giorno,
anche per poco, ci mostra come si fa.

Quando un bambino è geloso, soffre.
Quando un bambino soffre,
ha bisogno di sentirsi ancora più amato.

Le emozioni dei bambini

non devono essere mai sdrammatizzate né ingigantite.

Semplicemente comprese e accettate.

Altrimenti le reprimeranno o ne saranno sopraffatti.

Non è valere più degli altri,

ma è valere come gli altri

un insegnamento

alla base dell'autostima e del rispetto.

Quando vogliamo qualcosa per nostro figlio,
chiediamoci sempre se è davvero bene per lui o per noi.

"Puoi sempre contare su di me".

Ogni bambino dovrebbe avere almeno un adulto
che gli dice queste parole...

La paura...

Ci son tante cose che non si posson vedere,
ma non per questo non sono vere.
Una di queste è la paura
che arriva e si insinua forte e sicura.
Una volta che entra nei miei pensieri,
ne cambia il colore, li fa cupi e neri.
Lascia da parte ogni ragione,
lascia la logica per l'occasione.
Utilizza un linguaggio che possa capire,
che mi possa aiutare a il nero schiarire.
Prima di tutto stammi vicino,
di' che capisci il tuo bambino.
Se poi ci aggiungi un grande abbraccio,
ancor di più mi trasmetti il coraggio.
Numero due: non negare.
Non è così che la paura scompare!
Che siano mostri o orchi malvagi
per me son veri i loro brutti presagi.
Per terza cosa raccontami tu
di quando avevi una fifa blu.
Quanto è importante per me scoprire
che son sensazioni che posson sparire.
Se anche tu, che sei grande e audace,
a volte temevi un mostro vorace,
allora io non sono sbagliato,
non sono un fifone esagerato.
Per ultima cosa, ma altrettanto vitale,
fammi vedere ciò che mi fa star male.
Di quello che sento facciamo un disegno,
lascia che i miei occhi ne vedano un segno,
in mille frammenti poi lo strappiamo
e in una scatola li custodiamo.
Da mettere al polso dammi un nastrino:
è avere sempre con me un tuo pezzettino.
Dimmi che quando ho un po' di paura,
lo guardo e sento la tua voce sicura.
Ci sono cose che non si posson vedere,
ma non per questo non sono vere.
La paura è una di loro,
ma se mi aiuti tu, farò un capolavoro.

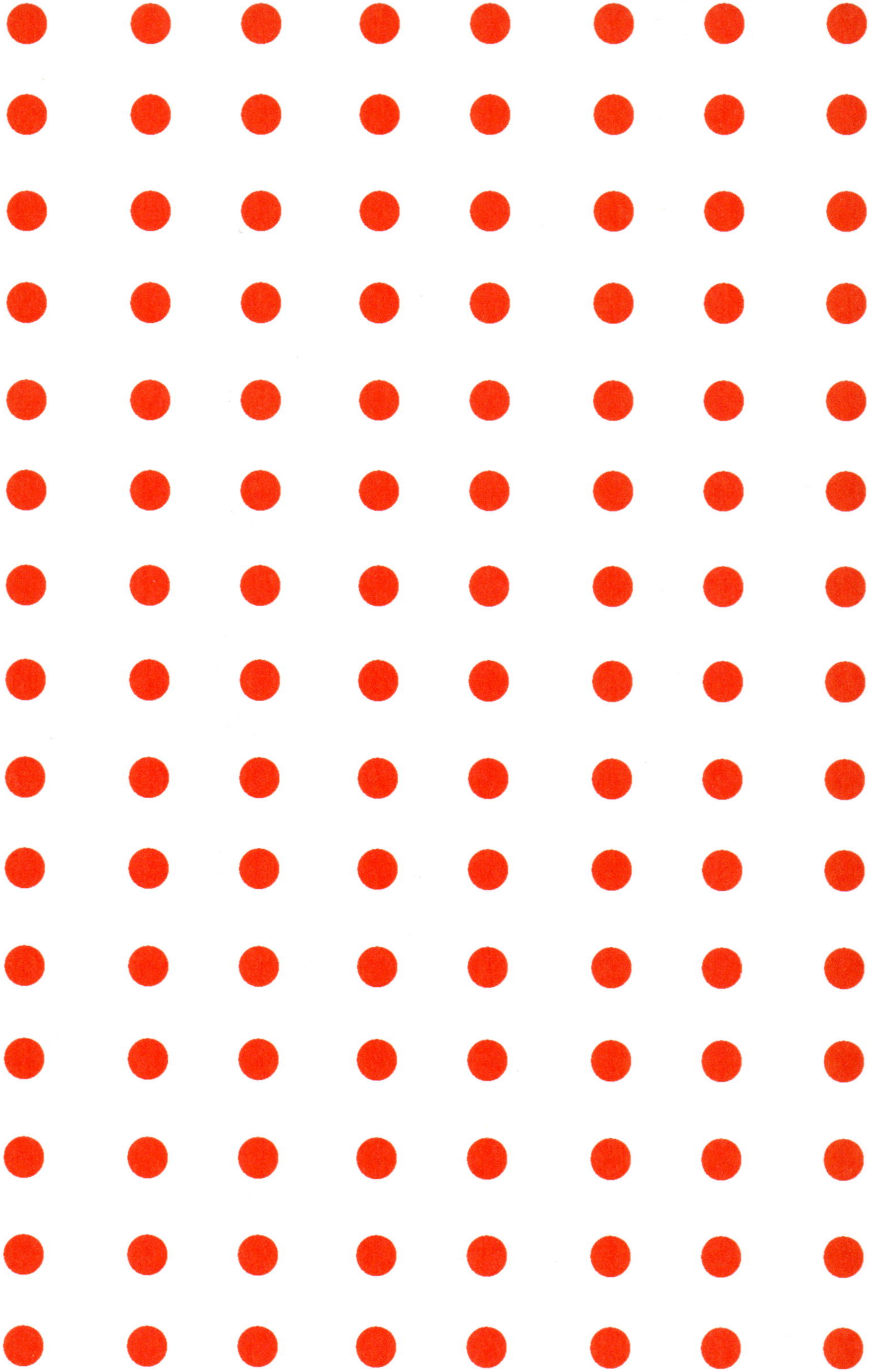